Ikkuna joka oli ovi

runoja

Uuna Syrjäsuo

Kustantaja: Books on Demand GmbH, Helsinki,
Suomi
Valmistaja: Books on Demand GmbH,
Norderstedt, Saksa
ISBN: 978-952-339-339-4

I

Matkalla

Junan ikkuna itkee
kyynel kiemurtelee kuin käärme
etsii koloa jonne pujahtaisi

Minulla on selvä suunta
sauma natisee mutta kestää
ei tarvitse huolehtia mistään
veturi tietää

Kaatuneet puut odottavat
myrsky ei antanut armoa
metsän keskellä vilahtaa lampi
syöksyn tumman pinnan läpi
ja löydän kaikki mahdollisuudet
...muistot...

Kauniita kuin usvainen metsälampi
se nostaa pintaan uusia kuvia
kaukaisia utuisia
pehmeitä kuin lämmin maito
lammen pinta on liikkumaton

se paljastaa vain hyvät muistot
surulliset ja pahat se on upottanut syvälle
tummiin kätköihinsä
jos mikään ei hämmennä vettä
siellä ne uinuvat

lintu laskeutuu
ja etsii ruokaa
pelkään soutajaa
joka kouraisee melallaan
matalan lammen pohjaa

Hylätty talo
rapistuneet valkoiset seinät
vilja on korjattu talteen
Jätän sateen taakseni
ja pilvet ohenevat
suuret kuuset kasvavat pilvien läpi
ikkuna heijastaa toisen maan

ei ajatuksia
ei huolta
ei mennyttä
ei tulevaa
vain matka
matkalla tuntemattomaan

Kuljen arjen ohi
viljapellot vilahtavat
matonpesupaikka
koulu, kirjasto
perunamaa
niittämätön takapiha

Juna tulee vastaan
risteävät tiet
olen valinnut toisin
uutta rataa rakennetaan
sitä pitkin juna
varmasti lentää
miksi tarvitaan enää rata

Sortunut katto
pala jonkun menneisyyttä
missä hän on nyt
kaupungit vilahtavat
kuin uni
josta säpsähdin
mitä unta näin
kun niin hämmästyin
en saa unesta enää kiinni

mutta olin matkalla
olin onnellinen
Ratavartijan pieni mökki
pelastakaa se kiireesti
tienristeys toisensa jälkeen
miten voi kulkea omaa tietään
mistä tunnistaa minne
on käännyttävä
kivestä, kallistuneesta puusta
vai sen varjosta
peittääkö usva väärät tiet
onko rohkeasti sukellettava sumuun
ja hapuiltava eteenpäin

Lintuparvi lentää tiiviisti yhdessä
minä istun yksin
junan ikkunan ääressä
saa olla hiljaa
entä eläimet pitkissä häkeissä
jalat naarmuilla

Aurinko työntyy kurkistamaan
sade jää kauas taakse
kaikki on mahdollista
elämässä....perillä

....

Missä, missä se on
minun vaununi
sanoja täynnä
Se on pudonnut kyydistä
ei vaunua viisi
Minut ohjattiin edelliseen vaunuun
löydänkö vieraita sanoja

Uudet sanat kiinnostavat
Vauva kertoo omaa kieltään
vanha mumisee leuka täristen
nuori puhuu kännykkään
Kaikki sanat menevät
sekaisin en saa selvää
Etsin hiljaisuutta
alas leijuvia sanoja

Pilvet
pilvien aallot
Aallot
aaltojen pilvet
Koivu kasvaa rannalla
imee voimaa

sulautuu pilviin
ja aaltoihin

Lentoni kaari näkyy taivaalla
kunnes uppoan siniseen
Tuolla kävelee ihminen
niin pieni hän on
vaikka keppiin jo nojaa

Katselen korkealta ja ymmärrän
pieni on ihminen murheineen
turhaan askeliaan kiirehtää
Näen hetken laajemmin
palan kokonaisuutta

Auringossa lepäävä järvi
Ihmiset tunkevat lähemmäs ja lähemmäs
Paljonko järvi kestää, hyväksyy
taloja, taloja, parvekkeita
ovia ikkunoita verhoja
katseita yksinäisiä
toiset tahtomattaan
toiset hiljaisuutta kaipaavia
kuten minä

Päivän yksinäisyys
on lepoa rauhaa
antaa voimaa
mutta jotka vuosiksi jäävät
yksin jäävät pelkoon
pimeyteen haparoimaan
huolineen sairauksineen
vanhuuteen

Jää sulaa
järven peili paljastaa
ihmisten pienet rakennelmat
metsän kaaren, nousevat
huiput ja suuren
suuren taivaankaaren
Suuri pilvi tulee minua kohti
leijuu valkoisilla siivillään
Mitä se tulee kertomaan

Kuka asuu tuossa
valoa hohtavassa talossa
Miksi talo noin hehkuu
valaisee ympäristönsä
juuri kuin tuo ihminen:
sinä

....

Junan ikkuna itkee
jäähyväisten haikeutta
ja kotiinpaluun iloa

tumma taivas
junan valoketju
kuin sateenkaari taivaalla

On palattava selkä edellä
uuteen eiliseen
nöyränä kuin elämässä
välillä esiin putkahtaa
aukea josta näkyy kauas
kuin vilaus lapsuudesta
talo, omenapuut, koivu
klapiympyrä

Isä oli tarkka
jokainen puu oli asetettava
huolella että muoto säilyi
Pitkäperjantaina satoi räntää
mutta me pinosimme puita
Jotain saimme palkaksi
mitähän se oli

kun veimme puita liiteriin
saimme pennin joka kuormasta
taisivat olla käsikärryt

Hoikat kuuset
kilpailevat valosta
kuten me pienen kylän lapset
uutta metsää kasvamassa
pieniä taimia silmänkantamattomiin
niin maailma imaisi
mukaansa sen pienen tytön
Oli rohkea jo silloin
mutta hetkessä herkkä
ja omiin ajatuksiinsa vetäytyvä
Hauska katto
taivaan sininen
suora yhteys pilviin

Valon välähdys
silmäni yrittävät tavoittaa näytetyn
Onko se tulevaa
vai mennyttä
Äänet kaikkoavat
lasten äänet

koiran haukunta
junan kolke

Olen matkalla
matkalla kotiin
Yritän tavoittaa näytetyn tien
pysyä sillä
eikä aina harhailla
vieraille oville

Juna hiljentää
antaa valon pysähtyä kohdalleni
antaa minun katsella ja valita
tie on tuttu mutta vieras
olen kulkenut tätä tietä
kauan sitten
tunnistan kivipaaden
hakatut numerot: 49
mutta mistä tai minne

uni tuli ja vei
pudotti kynän
junan lattialle...

Lasitettu käytävä

Lasitettu käytävä, korkealla
ei ainuttakaan ovea
Tuuli pieksää etsijää
Portaat alkavat ruohonjuuritasolta

Valot syttyvät
Ketä se kutsuu, minne se vie
kuka on valittu

En näe kulkijoita

Nyt joku tulee
kulkee risaisessa takissa
kynä ja vihko kädessä

- sehän olen minä

Syntymä

Sytytän kirkasvalolampun
on aamun aika
hiljainen odotus

Valkoinen paperi irvistelee
reunat käpristyvät pystyyn
keskellä kuin kehto
valmiina pienelle sanalle

Kipu tulee aaltoina
synny synny jo
sinä pieni
ensimmäinen

Valahdat syliin elottomana
Huudamme yhtä aikaa
minä säikähdyksestä
ja niin kai sinäkin

Kylmän käden läimäys
on pelottava toivotus
tähän maailmaan

Sinä hengität sittenkin
Voi sinua, niin pieni
niin outo, uusi
ih lei Urgas

Askel askel hyppy

Lapsuuden pihamaan ruudukko
Äidin särkyneestä onnesta
kiiltävä pala kittilänä
Askel, askel hyppy
minä pääsin kotipesään
isoveli astui viivalle
katkaisi elämänlangan
Vahva urheilijanuorukainen
sisällä pieni poika
houkutuksille altis

Minun maailmani pursui innostuksia
valui reunoilta unohdettuina
mutta uusia iti ja kasvoi
kunnes sanat tyrehtyivät

Itkin ja kaipasin
hakkasin nyrkillä seinää
Sanat pakenivat yhä kauemmas

Istuin hiljaa
aivan hiljaa valossa
- ne tulivat

Miten voi kirjoittaa

Miten voi kirjoittaa
kissan painavat askeleet
nousevan tähdenlennon

Miten voi kuulla äänettömyyden
salaiset ajatukset
putoavan höyhenen

Miten voi nähdä
pimeyden sydämen
katkeran kivun

Miten voi tuntea
auringon nousun ja laskun
linnun suunnistuksen

Miten voi kirjoittaa
saapumattomat säkeet
karanneet sanat
hiljaisuuden

Aurinkolintu

Aurinkolintu juo varjoista vettä

Lähde vapauttaa sadat säteet
Korret kimaltavat

Minä värisen kuin haapa
Muutama keltainen lehti
leijailee juurilleni

Mitä ovat nämä päivät

Mitä ovat nämä päivät
auenneet terälehdet
nippu ruskeita sivuja
täyteen kirjoitettuja
kuluneita, reunasta rispaantuneita
mutta oudosti hohtavia

Suudelmin suljettu kirje
pian pettymyksestä poltettu
viime tingassa pelastettu

Äitienpäiväkortti
kuusivuotiaana tehty
d-kirjain vielä tuntematon
mutta sinivuokot kukkivat
terälehdet taivasta hehkuen

Mitä ovat nämä päivät
lahjaksi saadut
säilytetty, hukattu
kätketty, käytetty

Mitä ovat nämä terälehdet
jotka taas avautuvat
puhtaina, odottavina

Marraskuu

Taipuneen korren surullinen kaari
aamun kyynelet tipahtavat

Marraskuu hiipii mieleen
tuudittaa hiljaa
mutta puut, puut
ne riehuvat tunteensa ulos
yön pimeinä hetkinä
ne valittavat ääneen

Uutena aamuna
herään hiljaisuuteen
Lumihiutaleet leijuvat
alas, kieppuvat, tanssivat

Puut seisovat hiljaa
ihmeissään, odottaen
Seison ikkunassa
Lumi on valoa
ulkona ja sisällä

Tappelu

Haparoivin sanoin uuteen päivään
kuivatut siemenet odottamassa
Kurkkua kuristaa käsi tärisee
sanat värjöttävät portin takana

Mitä nyt minkä virheen tein
Valo kutsuu
Vihreää teetä ja hunajaa
kaikki on valmista

Näen nyrkkejä
ja heiluvia jalkoja
taas tappelu
Miksi kuvat ja sanat
eivät mahdu maailmaani
yhtä aikaa
Kuvista en luovu
sanoista en luovu

Neuvottelupöytään

II

Pilvien putous

Pilvien putous
Suljettu ovi
lennän, lennän
kunnes laakso avautuu
Kukat avaavat terälehtensä
Keinun lempeässä laguunissa

Onneni kupla kasvaa
Heijastaa menneet päivät
Puhkaisen kuplan
koska on jatkettava
Sukellan eteenpäin
On aika uudelle
mutta unieni maa
pitää minusta kiinni

Etsin tietä
pientä polkua
jossa valo kulkee kanssani
ohjaa oikeaan suuntaan
avaa uuden maan

Vastaani juoksee loukkaantunut lapsi
kiedon kuumottavat käteni
hänen ympärilleen

Käteni välittävät
enkelien energiaa
se parantaa lapsen sisälläni

Matkalla kotiin

Kotini on kalliossa
pienessä kivessä
rannan aallossa

Loiskahdus kuin siipi
tuuli kuin höyhen
Hän kantaa minut
yli mustan meren

Olen matkalla kotiin
kallioon, kiveen
rannan aaltoon

Mitä siitä

Mitä siitä
jos lammikko heijastaa
vieraan maan

Mitä siitä
jos tuli sammuu
hiillos hehkuu muistojaan

Mitä siitä
jos risti hapertuu
kyynelet ja ikävä
eivät enää virtaa

mutta muisto säilyy
ne lempeät silmät

Hiljainen kansa

Pellot
missä rauha asustaa

Hiljainen kansa
kerääntyy uneksimaan
menneistä päivistä
mutta tulevaisuus vaatii
riisumaan naamiot

Repaleiset pilvet
kerääntyvät yhteen
kuin unelmat
antautuvat tuulelle
ja ovat poissa

Keskinkertainen

Keskelle on vaikea pudota
Kynä painaa, hämärtää
Linnut ovat jättäneet sulkansa
ja lähteneet

Minä vaellan
keskinkertaisuutena pois
Mennessäni tartun lankaan
vaikka en tiedä
mihin se johtaa
kestääkö se painoni
vai putoanko taas

Mustarastas ja minä

Talven hiljaisessa hämärässä
odotus vetää lumivaippaa korvilleen

Nälkä kurnii
ja antaa levottoman unen

Kuljen kummia katuja
tori tuoksuu
ja pääskyt…
pääskyt…

Risti-ilmoitus lehdessä
Hän on päässyt perille
Mustarastas ja minä
päätämme jäädä

Haravoin polkua

Haravoin polkua tulevaisuuteen
Maisema hämärtyy
kalliot kuiskivat metsänreunassa
kiipeä meille
näytämme tulevaisuuden

Salaperäinen suo
tuoksuu ja kutsuu
näytän menneet päivät
jotka ovat painuneet upoksiin

Pilvi ylläni puhuu
istu ja hiljenny
näytän salaisen maan
niin ymmärrät

Käännän itseni

Käännän itseni
kuin kasvimaan
Vihdoin on tilaa uudelle

Kerään siemeniä
korkeista kuusista
onnen pensaista
pienistä torvijäkälistä, mutta
särkyneen sydämen
jätän kukkimaan rauhassa

Keväällä kylvän siemenet
talven luovuttamaan maahan
Keväällä, ei, ei,
eikö jotain voi kylvää
jo syksyllä

Minä kylvän syysrunoja

Portti

Yön hiljaisena hetkenä
kuulen kellon raksutuksen
Se kuljettaa aikaa kohti aamua

Minä palaan eiliseen
houkuttelen kellon kääntymään
Se himoitsee yöpalaani
vettä ja omenaa
Eilinen jäi kesken
meiltä molemmilta

Kuulen muurin murtuvan
kivilohkareitten sortuvan
ne vyöryvät alas rinnettä

On rakennettava portti
joka on aina avoinna
Palaan rakennustöihin
haluan että portti on valmis
kun herään – avoinna

Nuorena ei ymmärrä

Nuorena ei ymmärrä
Onneksi ei ymmärrä
kuinka ohueksi elämänlanka venyy
Valkoiset pakolliset pillerit
purkissa kämmenellä suussa
antavat voimaa aamuun
herättävät päivään

Ajatukset heittävät peiton päältään
ideat nousevat kätköistään
siveltimen rytmi
yllättää ja haastaa

Oletko valmis tarttumaan haasteeseen
Olen

Odotus

Sytytän valon
teekupin varjo pöydällä
tukisukat jalassa
ikää ihanan paljon

Vihdoin vapaana
ruumiiseen sidottuna
liian suuri vankila
näin kevyelle

Pujahdan vapauteen
mutta palaan vielä
vielä on jotain tärkeää
mitä se on milloin

Tiedän sitten joskus
tai ehkä en
mutta siksi tulen takaisin
istumaan aamun valoon
odottamaan

Päivä nousee

Pesit ja huuhtelit
kuivasit ja kiillotit
kirkkain lasein uuteen päivään
Mitä näet, mitä tapahtuu

Päivä herää
suojasää pitää pilvet peittonaan
Tuuli nousee
tarttuu pilviin
päästää pakkasen pellolle
puutarhaan ja pihoille

Kaunis kuura kätkee puut
maalaa maiseman
ja antaa auringon tulla
Pitkät varjot tanssivat hangella

Entä sinä?

Ompelen

Ompelen mustaa saumaa
ettei valo katoaisi
uppoaisi meren syvyyksiin

Ompelen punaista nauhaa
jotta ilo voisi kiivetä ylös
Käärin sen pehmeään pyyhkeeseen
kuivaan huolella
ja pidän huolta

Etsin katkenneen kuminauhan
jatkan sitä
että jaksaisin ymmärtää
Pujotan nauhan kapeaan kujaan
että sinä löytäisit kotiin

Kolkutat ovellesi

Kolkutat ovellesi
mutta kukaan ei kuule

Päivät kiitävät
sinä pysyt mukana

Levität siipesi
etkä suostu jäämään jälkeen

Menneisyys on aarre
menneisyys on taakka

Olet sulkenut oven
ja jatkat matkaa
nuorassasi keinuen

Minä ja tuuli

Minä ja tuuli
piirsimme veteen

Olimme jälleen lapsia
nauroimme ja roiskimme

unohdimme vanhuuden
kutsut ja käskyt

Tuuli hiipui
jäin yksin
olin taas vanha

Puuliiterissä

Puuliiteri kaikui
Minun pieni ääneni kasvoi ja kasvoi
nousi jokaiselle parrulle ja soi
Puut sylissä painoivat
mutta lähteeseen oli katsottava
pohjalle asti

Opettaja ei kuullut
lähteen kirkkautta
Laulukilpailu oli muille
minulle piirustus
ja runonlausunta

Vuodet kuluivat
ääni käheytyi
pienet kädet kiertyivät kaulaani
sormi pyöritti niskatukkaa
ja uninen ääni kuiskasi
- laula mummi.

Keinutuolissa

Keinutuoli narahtaa
silmukka silmukka kierre
Mummo virkkaa elämää
pitkään liinaan
Lapset maailmalla
äänet vaienneet
silmukka silmukka kierre

Kerä kierähtää lattialle
lanka vierähtää kauas...

Uusi mummo virkkaa sanoista ketjua
Muistaa pehmeän sylin
ja hymyilee
heittää sanojen ketjun eteenpäin
ja miettii
Mitä lapsenlapsi muistaa
Miten hän virkkaa elämää
kännyllä ja tabletilla

Möykky

Pakenen uneen suljettuja ovia
Unessa pakenen ja yritän lukita oven
En ehdi vaan se syöksyy sisälle
Käyn sen kimppuun kynsin hampain
ja sullon syvälle sisälle
peitän paksuilla peitteillä
ja päätän unohtaa

Kevätaurinko pulpauttaa möykyn pintaan
Rapistuneet peitteet karisevat pois
Katson sitä silmästä silmään
Se on surkastunut
ja haalistunut olemattomaksi

Tuuli tarttuu siihen ja lennättää pois
Syvä huokaus nousee rinnastani

Varjon rinnalla valo

Varjon rinnalla valo
Varjot kiertävät kehää
Jokaisen rinnalla valo
Keskellä kaikki tiivistyy
syntymäksi, elämäksi, kuolemaksi

Keinun elämänlangassani
eteen, taakse, ympäri
kohti tähtiä ylös, alas
huomenna kaikki tiivistyy
Lääkkeet poistetaan kokeiden ajaksi
Tiedän etten pärjää vuorokautta
silti on jatkettava
haparoivin askelin ylihuomiseen

Kunnes aurinko nousee
astun tuttuihin askeliin
ja olen taas kotona - minussa

Näkymätön raja

Näkymättömän rajan toisella puolella
marraskuun pimeys on poissa
hämärä irrotti otteensa
olen matkalla valoon

Tunnen taas itseni
olen oma herrani
hallitsen mitä syön
mitä teen, kuka olen

Mikä on se marraskuun valta
joka vuosi vuoden jälkeen
kaikista päätöksistä huolimatta
vie voimani, määräysvaltani

Näkymätön raja vapauttaa minut
vetää toiselle puolelle
antaa itsetunnon, toivon, valon, valon

Kuka olen

Tässäkö olen
Tämäkö on minä
Vai se siellä syvällä
minne pääsen vain maalaamalla

Miten olen läsnä
tässä hetkessä
jos olen ikuisuudessa
siellä syvällä

ei ole aikaa ei paikkaa
ei kipua ei murhetta

Mitä syvemmälle pääsen
sitä vaikeampi on palata
Miten olen läsnä
tässä hetkessä
jos en halua palata

Vuohipaimen

Vihreää teetä ja hunajaa
Nouseva aurinko
kutsuu vuorille
Vuohet odottavat kaitsijaansa
eväsreppu olalle, leipäpala
ja muki maitoa varten

Pilvet vapauttavat vuoret
aurinko hiipii rinteitä alas
kostea ruoho pesee vanhat varpaani
puro kiemurtelee kivien lomassa
tässä on hyvä paikka vuohille

Oliivipuu on kätkenyt juurensa
minunkin ovat syvällä näillä vuorilla
palaan tänne vuosisatojen takaa
saan rauhan ja levon
hiljainen tuulen kahina
tämä valo

Kuka tämän kirjoitti
- vieraalla käsialalla?

Ikkuna joka oli ovi

Kivi nukkuu lumipeitteen alla
näkeekö se unta, muisteleeko kesää

Minä näin unta talosta
paljon huoneita, osa kesken

Kävelin pitkää käytävää
etsien tärkeää pientä huonetta

Nilkkaani sattui, aloin ontua
Pysähdyin hetkeksi tyhjään huoneeseen

Istuin leveälle ikkunalaudalle
katselin kohti tulevaa polkua

Aloin etsiä ovea
jota kohti polku tuli

Oli vain ikkuna joka oli ovi
valo kulki polkua pitkin

asettui huoneeseen
ja toi mukanaan huonekalut

kevyesti tuulessa keinuvat verhot
juhannusruusuja maljakkoon

tuoksun ja muistot lapsuudesta
ryppyisen viestin vanhuudesta

ruumiin kivut
hengen keveyden
Olin löytänyt etsimäni

Kaukana

Kuusi keinuttaa unilaulua
kiipeän kaarevaa oksaa
ja hyppään uneen

Linja-auto keinuu ja tärisee
kuuma tuuli puhaltaa
ikkunattomista ikkunoista

Olen kaukana ajassa
ja vieraassa maassa
vieraassako?

Ystävä istuu vieressäni
naapuri pitää koria päänsä päällä
Kukaan ei hymyile
Sodan uhka sulkee suut tiukaksi viivaksi

Hiekka pöllyää
ja saa minut yskimään
Vedän vettä keuhkoihini
ja kauhon epätoivoisesti pintaan

Käteni kouristuvat kiven ympärille
Vesi pärskähtelee pääni yli

Tuuli ojentaa minulle oksan
ja konttaan rannan kermavaahdolle

Sininen taivas väreilee
kaihtimien raosta

Pieni kivi

Lumen kaunis kaulus
keskellä pieni kivi
Ei ovea, ei ikkunaa
Mitä kuplii sisällä
Uutisten sodat ja iskut
äitien hätä
luonnon taistelu
Avuton pieni kivi
kätkeytyy lumen alle
suojaan

Kiinnitetty maisema

Puhdas lumi on pessyt luonnon,
raskaat taakat keinuvat
latvoissa, oksissa, korsissa

sama sininen sävy kynsien alla
pastelliväri pölynä
latvoissa, oksilla, korsissa

Haluan kiinnittää
tämän lumoavan aamun
ruiskuttaa fiksatiivia
muistin pintaan
latvoille, oksille, korsille

Pisara

Pisara
heijastaa kauniin maan
mutta pudotessaan
rikkoo kaiken
vääristää
renkaat vievät kauas
tavoittamattomiin

Annat pisaran
se ei riitä
antajalle eikä saajalle
annat lisää
saaja saa liian vähän
antajasta tulee saaja
kuka hänelle antaa
mistä saa voimat takaisin
mikä lataa akut

kynttilänliekki
leijaileva lumi
hiljaisuus

Tanssimme tuulessa

Katossa katkaistu oksa
kierrän kehää surren haavaa
uudelleen ja uudelleen
kunnes ote herpaantuu

Missä tuulessa kasvoit
kenen käskystä itkit
Unen tähdet kimmeltävät
sihahtavat aamuviileään veteen

koukkuun sivuille eteen
kädet perässä
kunnes sammakko ui
varpaat savessa kotijoessa

Opin uimaan uuteen aamuun
oksat nukkuvat ikiunta
tanssimme taas tuulessa
lennämme uusin siivin

Lammikko

Jännitys tiivistyy
minä, veljeni ja koti
muuttokuorman lavalla
puu nappaa veljen pipon
kukaan ei kuule huutoamme

Uuden kodin kissanpentu
itkimme kalliolla pissat housuissa
lammikko lattialla
toiselle tukkapöllyä
toiselle viskaisu ulos

Monta uutta kotia
pienen tytön pienet tavarat
isän tekemä arkku

Käenpoikanen

Lattia täynnä ruutuja
Olisinpa vielä pikkutyttö
enkä jalkakipuinen mummeli

Olisi aikaa laskea ruudut
hyppiä yhdellä jalalla
mutta kello tikittää eri tahtiin

Hiljaisuus pyyhkii mieleni
reunoille juurtuneet väreet
tiukassa kuin akvaarion nurkissa

Käenpoikanen odottaa
nokka ammollaan

Olen ahne elämälle

Olen ahne elämälle
kerään kokemuksia koriin
ja prässään kirjaan
kuin kasveja koululaisena

Sukellan syvyyksiin
etsien tärkeintä aarretta
mutta syvällä valo kaikkoaa
se keinuu korkealla
ja kangastuksena katoaa
happi loppuu
on pyrittävä pintaan

Milloin on aika
istua keinutuoliin
ja avata kirja
tutkittava muistojen säilyvyys
puhaltaa pois hapertuneet haituvat
ihailla pientä säilynyttä sulkaa

Yhä olen ahne elämälle

III

Hai(na)ku

(Hainaku on runo, jossa ensimmäisessä
säkeessä on yksi sana, toisessa kaksi ja
kolmannessa kolme.)

Pieni
suuren rinnalla
riittävä omana itsenään

Siivet
kaksi nystyrää
kesken on kasvuni

Keinun
kuun sirpillä
näen unta huomisesta

Kevät
sulattaa pesän
on aika herätä

Voima
pelottava pimeässä
huomisen uusi askel

Lähde
hiljaisuuden peitto
sielläkö sanat piileksivät

Sana
puhkaisee pilven
nousee vihreältä niityltä

Sanat
nostavat päänsä
hiljaisen lähteen suojasta

Tabletti
karvas suussa
virkistävä punaisena joulupöydässä

Kierre
tuskainen tie
eivät löydä toisiaan

Suola
kirvelevä haava
hengitän vuoren sisällä

Spiraali
nousen vuorelle
kierin kipuna alas

Klemmari
roskakorin pohjalla
eilisen tärkeä sitoja

Punainen
kostea värinappi
sivellin valkoisella paperilla

Sinä
kannat kuormaa
kolmen kävyn kokoista

Saapas
täynnä muistoja
veljen verinen kantapää

Kuulin
unisen äänesi
yksinäisyyteni on hiljaa

Valo
polku pimeään
kutsu kaukaiselle tähdelle

Julkaisut:
Kivet kasvavat hitaasti, runoja, Utla 2004
Siltarumpu, runoja, BoD 2009
Koipeliini ja Tassu, Lasten kirja, BoD 2009
Haaveileva heinä, runoja, BoD 2012
Ulle dulle dof, novelleja, BoD 2012

Sisällysluettelo